AF411000

RÉFLEXIONS D'UN FOSSOYEUR

ET

D'UN CURÉ,

SUR LES CIMETIÈRES

DE LA VILLE DE LYON.

Fiant aures tuæ intendentes in vocem deprecationis meæ.
Pſal. 129, ℣. 2.

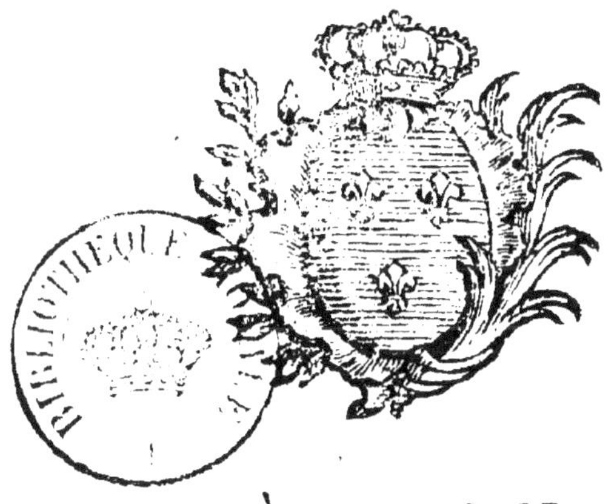

À *LYON.*

Chez RAST de MAUPAS, *à la Sincérité.*

M. DCC. LXXVII.

*A Monsieur le Curé * * *.*

Mon très - cher Maitre.

ACCOUTUMÉ dès l'enfance à recevoir vos sages leçons, j'espere que vous daignerez m'honorer de vos conseils, & de votre protection dans une circonstance où votre pauvre Charles peut acquérir de l'honneur, de l'argent & du crédit. Je sais combien je vous ai manqué en abandonnant mes études de physique pour prendre une charge de Fossoyeur dans la seconde ville du Royaume; charge qui annoblit mes peres depuis plus d'un siecle: mais vous avez le cœur si bon, que vous ne pourrez jamais m'oublier.

J'aspire à devenir le Fossoyeur en chef de la ville; & comme les hommes cherchent à présent à récompenser le mérite, j'ai cru qu'en mettant sous leurs yeux un projet raisonnable de Cimetiere, ils s'empresseroient à me confier tous les ouvrages des médecins. S'il

mérite votre approbation, il pourra bien prendre racine même dans le cerveau de toutes les
têtes coiffées d'un bonnet de Docteur.

Je suis avec autant de reconnoissance que
de respect,

Monsieur & très - cher Maître,

Votre très - humble & très-
obéissant serviteur.

CHARLES *** Fossoyeur.

PROJET

RAISONNABLE

DE CIMETIERE,

HORS DE LA VILLE DE LYON.

*Par CHARLES ***, Foſſoyeur.*

MEMENTO MORI.

Depuis trois ans que je dépoſe dans le ſein de la terre les triſtes & déplorables ouvrages des Médecins, j'ai fait plus d'obſervations ſur les ſépultures, & mon pauvre pere, Dieu ait ſon ame, m'en a plus communiqué en creuſant la foſſe d'un fœtus que MM. de la Faculté n'en ont jamais imaginé. Ainſi mon expérience, & mes fonctions , qui font le fupplément à celles de ces Meffieurs, m'autorifent à m'occuper comme eux du projet d'un Cimetiere.

Favorifer la décompofition des corps., empêcher que les molécules qui s'en dégagent par la putréfaction ne paffent en trop grande quantité dans l'atmof- phere , corriger la virulence de ces molé- cules à mefure qu'elles s'élevent du fein de la terre ; & lorfqu'elles n'ont pu être corrigées, s'oppofer à leur réunion auffi- tôt qu'elles commencent à fe mêler avec l'air , font les objets fur lefquels j'ai fait une multitude d'expériences , fans que les vivants ayent à fe plaindre du defir qui m'animoit ; car tous les dangers ne regar- doient que moi feul. Les Médecins peu- vent-ils en dire autant ?

J'ai donc appris que dans les Cimetieres la fermentation putride ne doit être ni trop foible ni trop forte, que celle qui décom- pofe en peu de temps un grand nombre de cadavres eft capable de tranfmettre à l'air des vapeurs très - pernicieufes, malgré les couches de terre les plus épaiffes & les plus battues; que la fermentation putride qui agit lentement fur les corps donne aux émanations une qualité quelquefois plus dangereufe que celle qui s'échappe des cadavres foumis à la fermentation la plus

.prompte fans le concours d'une grande chaleur.

Affuré par l'expérience, que pour favoriſer la fermentation putride dans une ſubſtance animale, il faut une certaine quantité d'eau, de feu & d'air, je me ſuis occupé à découvrir l'eſpece de terre qui .contient le plus de ces trois éléments, & j'ai poſitivement reconnu que la terre végétale étoit la plus propre à cet effet, pourvu qu'elle ne fût pas environnée d'une trop grande quantité d'eau, & que la couche de cette terre fût aſſez épaiſſe pour ne pas tranſmettre pendant l'été trop de chaleur aux cadavres en fermentation.

J'ai conſtamment obſervé : 1°. Que la terre argilleuſe ſoit ſeche, ſoit humide, retarde la putréfaction : 2°. Que le ſable lorſqu'il eſt ſec & échauffé, arrête la putréfaction en deſſéchant les ſubſtances animales ; qu'au contraire, lorſqu'il eſt humide & échauffé, il l'augmente conſidérablement : 3°. Que les terres calcaires accelerent le mouvement inteſtin pour peu qu'elles ſoient empreintes d'humidité ; que plus une terre compoſée contient de terre calcaire plus elle favoriſe la fermentation putride. Cependant la terre calcaire pure agit avec moins de force pour l'augmenter que la terre végétale.

Il fuit de ces obfervations conftatées par un grand nombre d'expériences, que les cadavres doivent être inhumés dans la terre végétale ; qu'il ne faut point les entaffer, mais les féparer les uns des autres par une couche de terre de cinq à fix pouces d'épaiffeur ; que les foffes doivent être renouvellées toutes les deux années, fans aucun danger pour mes confreres & le public, parce qu'une année après l'inhumation dans tous les Cimetieres des environs, la fermentation putride ne laiffe plus appercevoir que des os incapables de corrompre l'air.

Comme il eft prouvé que la terre végétale tranfmet avec facilité dans l'atmofphere, les molécules dégagées des corps qui fubiffent le mouvement inteftin, on peut y remédier en mettant en ufage les procédés fuivants qui m'ont toujours réuffi. La terre végétale étant bien battue, je mets une couche de fable de huit pouces d'épaiffeur, enfuite une couche de vieux ciment de quatre pouces ; je bats avec force ces deux couches, je les recouvre de fix pouces de terre végétale pour y femer les plantes néceffaires afin de corriger & arrêter les molécules qui s'élevent des corps en putréfaction.

J'ai été conduit à cette découverte par les ânes que je nourris pour fubfifter, &

pour entretenir la fanté du public. C'eft
en vain que je les obligeai d'entrer dans
le Cimetiere pour y paître l'herbe la plus
tendre, ils la refufoient quelqu'affamés
qu'ils fuffent. J'y cultivai plufieurs efpeces
de gramen, ils fe montrerent toujours in-
fenfibles aux plantes qu'ils auroient mangé
avec avidité fur d'autres terreins.

Les Médecins, Docteurs, Profeffeurs,
conçoivent-ils le but de cette obfervation ?
Les plantes abforbent par leurs racines &
leurs feuilles les molécules des fubftances
en fermentation qui alterent l'odeur & la
faveur de ces plantes ; fi par la tranfpiration
infenfible il s'en échappe des parties pernicieufes, elles font tellement combinées avec
les autres principes, qu'elles ne peuvent
corrompre l'air environnant.

Depuis le tems où mes ânes ont refufé
les plantes nutritives des Cimetieres, j'y
cultive des plantes aromatiques que je re-
nouvelle tous les deux ans ; elles fournif-
fent continuellement une vapeur capable
de corriger les mauvais effets des molécules putrides, qui ont échappé à l'abforp-
tion des racines & des feuilles.

Un Curé de village m'ayant confulté
fur la maniere de purifier fon Cimetiere,
des exhalaifons qui infectoient fa maifon,
& celles de plufieurs de fes paroiffiens ; je

lui conseillai d'y cultiver une grande quantité de plantes aromatiques ; depuis ce
temps il ne s'est apperçu d'aucunes odeurs
putrides ; il n'a plus vu pendant les cha-
leurs excessives de l'été ces especes de
flammes qui s'élevent à quelques pieds au-
dessus des fosses ; flammes dont les habitants étoient si effrayés, qu'ils s'imaginoient
que les ames des personnes inhumées depuis
peu étoient condamnées aux feux éternels.

Gardez - vous de cultiver dans les Cimetieres aucunes plantes nutritives ; elles por-
teroient un préjudice essentiel à ceux qui
en feroient usage. J'avois semé dans un
Cimetiere de l'avoine ; tous les animaux
qui en mangerent furent malades. Lorsque
vous renouvellerez la culture des plantes
aromatiques , vous aurez attention de les
enfouir dans une fosse, & de les recouvrir
de sable que l'on battra exactement.

Si malgré les couches de sable & de
vieux ciment, malgré la culture abondante
de plantes aromatiques , il s'échappe des
molécules putrides dans l'atmosphere :
faites tous vos efforts pour agiter l'air
impregné de ces molécules dangereuses ;
faites les mouvoir avec rapidité hors du
Cimetiere par une construction particuliere
de ses murs : que le Cimetiere occupe la
partie la plus élevée des Brotteaux , afin

(11)

que les foffes qui ne doivent avoir que
quatre pieds de profondeur foient à l'abri
de l'eau dans les plus grandes inondations. Que le fol foit retenu par un mur cir-
culaire ; que les murs propres à l'enceinte
du Cimetiere ayent dix pieds d'élévation ;
qu'ils forment des angles faillants & rentrants ; que les angles rentrants foient
ouverts depuis leur bafe qui commencera à la furface du fol jufqu'à un pied
de leurs fommets. Défendez les conftructions & les plantations dans le voifinage
du Cimetiere, à moins qu'elles ne foient à
deux cents toifes. Ne mettez point des
peupliers à l'ouverture des angles faillants ;
les conciles écuméniques le défendent.

„ Conftruifez une Chapelle , mais à la
„ diftance que nous avons déterminée fur la
route que tiendront les chariots funebres :
ne tranfportez aucun corps dans le Cimetiere
que trente - fix heures après leurs décès :
forcez le médecin qui aura honoré le malade
de fes confeils, de fes avis, & de fes ordon-
nances , à donner par écrit l'hiftoire de la
maladie jour par jour, les effets des remedes , les fautes que le malade , les affiftants
& lui - même auront commifes.

Intellectum tibi dabo & inftruam te in viâ
hâc quâ gradieris : firmabo fuper te oculos meos.

Pfal. 31 , ℥. 10.

A 6

AVIS

DU COLLEGE DES MÉDECINS.

EXTRAIT des régiſtres du College des Médecins de Lyon.

LE College étant légitimement & en ſuffiſant nombre aſſemblé chez Monſieur Peſtalozzi, Doyen ; Meſſieurs Magneval & Brac, Syndics, ont rappellé à la Compagnie, qu'elle avoit nommé Meſſieurs Raſt (1), Villermoz (2) & Petetin (3), pour examiner les motifs qui doivent déterminer l'avis du College ſur les Cimetieres

------

(1) Auteur du préſent Projet, & de l'arrangement des mots ; ancien Auteur d'un très-petit mémoire ſur l'Inoculation , où avec l'extrême franchiſe que tout le monde lui connoît, il expoſe les moyens infaillibles d'extirper de l'Europe la petite vérole.

(2) *Approbateur complaiſant* du Projet enfanté par ſon collegue.

(3) *Antagoniſte* du préſent Projet.

& lui en rendre compte. Après avoir ouï l'avis de Meſſieurs les Commiſſaires , & diſcuté tous les objets , le College (4) a arrêté les articles ſuivants :

1°. L'obſervation la plus conſtante démontre que toutes les matieres animales & même végétales en putréfaction , ſont nuiſibles à la ſanté des hommes , & qu'elles procurent ſouvent une fievre putride - maligne , que l'on connoît encore ſous le nom de fievre d'hôpital ou des priſons , qui peut devenir épidémique , qui eſt contagieuſe , ſouvent mortelle , toujours très - grave.

2°. Ce principe & des malheurs trop évidents prouvent que les Cimetieres , toujours nuiſibles à la ſanté des citoyens lorſqu'ils ſont placés dans l'enceinte des villes , ſont encore plus ſujets à un grand nombre d'inconvénients & de dangers dans la ville de Lyon , par leur peu d'étendue , la ſituation de ceux qui appartiennent aux paroiſſes les plus peuplées , les eaux de pluſieurs puits qu'ils infectent , & les

---

(4) Les Collégiés ont ſigné aveuglément (comme d'uſage) ; il faut cependant excepter du nombre des vingt Collégiés , MM. Lilia , Munet , Vitet , Coucho , David , Chapuis & Petetin.

brouillards qui font fréquents. Le College (5) obferve que dans cette ville les maladies putrides font les plus ordinaires.

3°. En confidérant la fituation de la ville & de fes paroiffes , la nature des terreins qui l'entourent , les vents qui y font les plus fréquents , la facilité qu'il faut donner aux tranfports, l'avantage d'avoir un Cimetiere général , & la néceffité de lui donner un très - grand efpace ; après avoir examiné les différents projets qu'on peut former , le College croit convenable de faire , au-delà des Brotteaux, un Cimetiere général pour les paroiffes qui font fituées dans le bas de la ville & pour celle de la Guillotiere , à une égale diftance des ponts de St. Clair & de la Guillotiere, affez loin du Rhône pour ne gêner aucun des projets d'agrandiffement de la ville , & afin de fe tenir dans un terrein qui foit tel par fa hauteur , que le bas des foffes foit à l'abri de la fubmerfion.

4°. Ce Cimetiere doit avoir une étendue affez vafte , pour que les foffes annuelles d'inhumation ne foient ouvertes de nou-

---

(5) L'obfervation du College eft entierement fauffe quoique ce foit la premiere qu'il ait donné depuis fa fondation.

veau qu'après cinquante ou foixante ans
révolus. Il paroît convenable d'en diriger
les murs, du nord au fud, de l'eft à l'oueft,
d'élever ces murs à dix - huit pieds de roi,
au-deffus du fol, de n'y ouvrir qu'une feule
porte, au milieu de la muraille de l'oueft,
de conftruire à la droite de cette porte,
une Chapelle éclairée par fa voûte, &
accompagnée de la maifon d'un Chapelain;
de faire à la gauche de cette porte, le
logement d'un Concierge ; d'entourer le
Cimetiere d'un large chemin; de faire deux
chemins qui viennent directement des deux
ponts à fes angles ; de conftruire, dans
l'intérieur de fon enceinte, un très-grand
nombre de tombeaux uniformes & fermés,
où les familles les plus confidérables pourront avoir leurs fépultures, fans que jamais
leurs cendres foient troublées ; de ne per-
mettre aucun caveau ; & que M. le Chapelain tienne un regiftre exact des noms,
furnoms, âges, profeffions & maladies
de tous ceux dont les corps feront inhumés.

5°. Les inhumations doivent être faites
dans une foffe ou tranchée profonde de
huit ou dix pieds, large de fept, qui
commencera à l'angle nord - eft, pour
continuer vers l'angle fud - eft, que l'on
recommencera du côté du nord, en laif-

fant toujours un pied de terre entre tous les corps qui feront inhumés ; tant en-deſſus qu'en-deſſous & par côté, en re-couvrant le corps le plus élevé par trois pieds de terre.

6°. Ce Cimetiere projetté offre pour avantages, la deſtruction de ceux qui in-fectent l'air de la ville, en alterent les eaux, occupent des eſpaces utiles aux conſtructions particulieres, & affectent ou menacent fans ceſſe la ſanté & la vie des citoyens. Il offre toute l'étendue néceſſaire pour y pratiquer ce que le nombre des morts dans une grande ville, la décence, la ſanté & la religion exigent ; une poſition à l'eſt de la ville, d'où les vents ſont très-rares, très-foibles, preſque toujours accompagnés du beau temps, & coupés par le courant d'air que le Rhône entraîne avec lui ; un terrein ſablonneux & caillou-teux, formé par d'anciens dépôts du Rhô-ne, qui facilitera le deſſéchement des corps ; un tranſport facile des corps dans la plaine ; une diſtance peu conſidérable des diffé-rentes paroiſſes pour leſquelles il ſera deſ-tiné ; la liberté de donner à la ville, de ce côté, toute l'étendue que l'on ſouhaitera ; une diſtance aſſez grande du fauxbourg de la Guillotiere, pour ne le point infecter ; la certitude que les ſépultures ne feront jamais violées , & qu'on ne déterrera point des corps à moitié putréfiés , pour faire place à d'autres ; un plus grand respect pour les morts & pour leurs sépultures ; l'anéantissement des dangers dont les caveaux menacent les fossoyeurs & ceux qui font à portée d'en recevoir les vapeurs ; la liberté d'y pratiquer tous les exercices de piété que Monseigneur l'Archevêque jugera à propos d'ordonner ; la facilité d'y faire des constructions tristes , mais honorables & imposantes , & enfin l'utilité que procurera un Nécrologe exact , pour connoître & combattre les maladies les plus graves & les plus fréquentes.

7°. Le College croit que les paroisses de Fourvieres , Saint Juft & Saint Irénée doivent avoir un Cimetiere commun hors de la porte de Trion, contre les murs de la ville , & que celle de Saint Pierre de Vaife doit transporter son Cimetiere fur la hauteur, à peu de diftance de fon églife.

8°. Le College croit également convenable que les inhumations foient faites dans les cas ordinaires , pendant la matinée , avant dix heures en hiver , avant huit en été ; & que les corps attendent dans le lieu de la mort , le moment deftiné pour l'inhumation , après que les vingt-quatre heures prefcrites par les loix feront écoulées.

Ce qui ayant été arrêté (6), Messieurs Magneval & Brac, Syndics de la Compagnie, ont été chargés de communiquer à Monseigneur l'Archevêque cet avis du College.

A Lyon, le sept Décembre mil sept cent soixante & seize.

Nous soussignés, Syndics du College des Médecins de Lyon, certifions le présent extrait conforme à l'original, à Lyon, le 10 Décembre 1776.

Signés, MAGNEVAL & BRAC.

---

(6) Vous avez donc, Messieurs les savants Docteurs & Professeurs médecins, arrêté un Projet qui vient de mettre le Public dans la nécessité d'arrêter, qu'il seroit fait au College de médecine de Lyon, légitimement assemblé, de très-humbles remontrances, afin que dorénavant il étudie la langue françoise avant que d'écrire, qu'il réfléchisse avant de discuter, & qu'il consulte avant que de se faire imprimer.

Mon cher ami Charles ,

LE *sentiment que tu m'as inspiré dès ta plus tendre enfance , fondé sur le germe des vertus & des talents que la nature a placé dans ton ame , est toujours le même dans mon cœur. J'ai pris plaisir à les cultiver. Tu répondois à mes instructions , & tous les jours je me félicitois de donner à la paroisse un digne Curé. Les égarements de ta jeunesse m'ont cependant causé des chagrins bien cruels ; mais ils n'ont pu détruire l'intérêt que je prenois à toi ; il s'augmente encore à présent que je vois que tu as mis à profit les connoissances que je t'avois données ; tu les a cultivé en silence & sans prétention.*

Tu as bien fait, mon enfant , de ne pas te laisser abattre par le malheur , de ne pas voir avec dédain une profession que tes peres ont exercé avec honneur , d'y trouver même des moyens d'instructions , & de te rendre utile à la société par d'excellentes observations. L'utilité publique doit être le but de tout homme raisonnable ; je ne dis pas d'un philosophe , parce que ce titre ne flatteroit pas celui qui par état doit si bien connoître le néant des vanités humaines. Ainsi mon ami, j'espere que l'orgueil ne te fera pas perdre devant Dieu le fruit de ton travail.

Je te renvoie ton Projet, l'Avis du College de médecine & mes réflexions sur tous les deux. Je compte aller lundi à Lyon, & je solliciterai mes connoissances pour toi ; si on nous écoute, je serai aussi heureux de t'avoir procuré ce succès, que toi de l'avoir obtenu. Adieu, je t'embrasse, & suis ton meilleur ami,

*** Curé de . . . . . .

Après avoir examiné, non *les différents projets que l'on peut former sur les Cimetieres*, mais celui de mon ami Charles & du College de Médecine de la seconde ville du Royaume, j'ai cru qu'il étoit de mon état, de mon devoir, de mon honneur de démontrer combien ce dernier Projet gravement imaginé est contraire aux saines loix de la physique, de la géométrie & même de la médecine.

Messieurs les Collégiés placent le Cimetiere dans les Brotteaux où les courants d'air sont rares & foibles. Ils prétendent le fermer exactement *avec des murs de dix-huit pieds de hauteur, dirigés du nord au sud, & de l'est à l'ouest ;* ils y établissent *des fosses de dix pieds de profondeur,* & veulent que les cadavres y soient à l'abri de toute submersion. Il auroit premierement fallu déterminer l'endroit des Brotteaux où le sol se trouve 12 pieds au-dessus des plus fortes inondations, ou plutôt il eût été prudent de dire qu'il falloit exhausser le terrein & les murs à proportion. Ensuite il auroit dû prouver comment des murs *dirigés du nord au sud, & de l'est à l'ouest,* peuvent clore exactement un vaste terrein, ce qui est à mon avis plus difficile à démontrer que l'infaillibilité de la médecine.

Supposé que le Cimetiere soit exactement fermé par des autres murs qui se réuniroient à ceux que l'on a bien *dirigé du nord au sud & de l'est à l'ouest,* de maniere à former un quarré, obtiendra-t-on un Cimetiere incapable d'infecter le voisinage ? Non, Messieurs les Docteurs, vous avez pris tous les moyens possibles pour y accumuler les exhalaisons putrides, les renfermer & les porter en masse sur la ville, la Guillotiere & les campagnes voisines, lorsqu'un vent impétueux viendra à souffler. Avez-vous jamais vu des brouillards s'élever en nappe sur une plaine dans un temps calme ? Avez-vous jamais observé leurs mouvements lorsque le soleil paroît sur l'horifon ? Les courants d'air qui se forment alors, agissent sur la partie de cette vapeur aqueufe qui occupe le centre de la plaine ; les brouillards fuyent sur les côtés, se pressent & s'entassent par-tout où ils rencontrent des petites éminences, ils s'y fixent jusqu'à ce qu'un coup de vent les portent en masse dans des lieux plus éloignés : l'application de ce simple phénomene est si facile à adapter à votre immenfe Cimetiere que je vous l'abandonne.

Vous penfez peut-être que des cadavres accumulés dans une fosse *recouverte tant en-dessus qu'en-dessous & par côté* d'un pied de terre, n'éprouveront pas une fermentation assez prompte, pour former cette nappe de brouillards infects, pour corrompre subitement l'air & porter la contagion, principalement lorsque le vent du midi vient à souffler ; vent le plus funeste pour la santé & celui qui régne le plus fréquemment dans les Brotteaux. Quand une deuxieme délibération très-réfléchie du College légitimement assemblé adopteroit cette fausse affertion, vos murs font trop élevés pour que les miafmes putrides puissent les

ffanchir, & il fe préfente affez de tour-
billons d'air aux Brotteaux pour les enle-
ver en maffe.

Le College, il eft vrai, a dit très-favam-
ment & d'une maniere tout à fait intelli-
gible que la *pofition des Brotteaux à l'eft de
la ville, d'où les vents font très-rares, très-
foibles, prefque toujours accompagnés de beau
temps, & coupé par le courant d'air que le
Rhône entraîne avec lui eft un avantage pour
le Cimetiere*. Mais où a-t-il pris qu'il fait
plus beau temps aux Brotteaux qu'à Lyon,
que l'air a plus d'élafticité aux Brotteaux
qu'à Lyon, que la putréfaction s'opere plus
lentement aux Brotteaux qu'à Lyon ; qu'en
conféquence il n'eft pas dangereux de faire
dans fon Cimetiere des foffes de huit ou
dix pieds de profondeur fur fept de large
où on entaffera les cadavres : je ne fais
comment concilier la maniere dont il acce-
lere fans s'en douter la fermentation putride avec l'excès de précaution qu'il obferve
pour le renouvellement des foffes.

Convenez de bonne foi, Meffieurs, que
vous n'y entendez rien, ou plus honnête-
ment que vous paffez les bornes de votre
art. Quoi, vous ignorez le temps qu'il faut
pour la parfaite décompofition des parties
molles d'un cadavre entouré de terre végé-

tale & calcaire ! Il ne faut qu'un an , je le répete , il ne faut tout au plus qu'un an ; c'eſt donc une étrange maniere de voir que d'exiger 50 ou 60 ans révolus avant que de r'ouvrir les foſſes.

Mais la permiſſion que donne le College de conſtruire des tombeaux uniformes eſt d'une plus grande conſéquence pour mon pauvre Charles & ſes confreres. Le College renferme un cadavre dans un tombeau qu'on ſera peut-être forcé de r'ouvrir après trois ou quatre mois pour y en deſcendre un deuxieme ; il a donc oublié les dangers évidents d'une telle entrepriſe. Combien de foſſoyeurs n'ont pas été ſacrifiés à l'honneur des grands ? Le dernier des hommes vivants ne doit jamais être la victime du plus puiſſant des monarques morts ; l'égalité eſt dans les Cimetieres , & tous les médecins du monde lorſqu'ils ſont morts , ne ſont rien devant toi mon ami Charles.

Pourquoi propoſer cette diſtinction de tombeaux où les familles conſidérables auront *leurs ſépultures ſans craindre que leurs cendres ſoient jamais troublées !* Comment une pareille propoſition peut-elle ſe trouver dans une délibération d'une aſſemblée de Médecins ! Eſt-ce par ménagement ou par puſillanimité qu'ils ont craint de heurter l'orgueil

de

de ces hommes vains & futils, qui n'étant rien de leur vivant, voudroient paroître quelque chofe après leur mort ? Ces diftinctions ridicules aux yeux du philofophe, ne le font-elles pas encore plus aux yeux du Médecin ? Ne voit-il pas le monarque & le pâtre foumis aux mêmes loix de la nature, en proie aux mêmes infirmités, dont les puiffants & les riches font plus fouvent les victimes que ceux que l'indigence prive du fecours de l'art. Les diftinctions font néceffaires fans doute pour l'ordre focial tant que l'individu exifte ; mais, quand il n'eft plus, à quoi fervent pour la fociété ces vains honneurs funebres qui n'annoncent que l'orgueil ou la fortune de celui qui les a demandé, ou de ceux qui les ont rendu. Par ce ridicule ufage l'homme vertueux & utile à fa patrie refte confondu avec celui qui n'étoit que riche, & qui trop fouvent ne le fut que pour le malheur des autres : ainfi c'eft au vice plutôt qu'à la vertu que la poftérité, fans le favoir, rend fouvent hommage fur la foi d'un monument impofteur. Comment des hommes raifonnables à qui on a fait l'honneur de les confulter, ont-ils pu méconnoître à ce point l'efprit d'une religion fainte & fublime, qui ne ceffe par fes préceptes & par la bouche de fes miniftres,

B

de nous rappeller notre néant, & de nous
commander l'humilité. L'accord de la religion & d'une fage philofophie fembloit au
contraire devoir les engager non - feulement à dédaigner de parler de ces diftinctions, mais encore à combattre & à détruire l'orgueilleux préjugé qui les enfan-
ta. Ils devoient s'empreffer de profiter d'une
loi auffi honorable pour notre fiecle que
pour le fouverain qui l'a rendue, & qui
femble par ces difpofitions, par l'efprit
qui l'a dictée, vouloir anéantir autant
qu'il eft poffible, fes diftinctions extrava-
gantes des tombeaux. Hommes vains &
inutiles qui fouvent fûtes fans honneur
pendant votre vie ! on vous élévera des
tombeaux, mais les vivants n'auront point
à fouffrir du poifon de votre orgueil & de
votre fragilité. On vous ifolera, puifque
vous le voulez, & le plus qu'il fera poffible, des citoyens humbles & vertueux,
dont les cendres repofent en paix fous
trois pieds de terre, & ne doivent point être
confondues avec les vôtres. On ne vous
placera pas cependant auprès des monuments de ces hommes vraiment utiles à la
patrie, qu'elle n'honore fouvent que quand
ils ne font plus, mais qui voyent au moins
pendant leur vie dans la juftice de la poftérité, un encouragement pour faire le bien

& une confolation contre les perfécutions de l'envie & de la médiocrité. Leur concitoyens qu'ils auront éclairés par leur génie, ou défendus par leur fang, ou protégés par les loix, leur éléveront des tombeaux, qui ferviront autant à rappeller leurs bienfaits qu'à exciter à marcher fur les traces de ces grands hommes : mais ces monuments confacrés au génie qui les anima, ne feront point le faftueux dépôt du limon infect dont il s'eft dégagé. La religion approuvera cet hommage rendu à la vertu ; & des maufolées ainfi élevés décoreront nos temples fans les profaner.

Le College a-t-il bien réfléchi fur l'étendue de terrein qu'exige fon Cimetiere, pour que les foffes annuelles d'inhumation ne foient ouvertes qu'après 50 ou 60 ans révolus ? S'eft-il férieufement occupé de la grandeur qu'il donne aux foffes, du nombre des cadavres qu'il y entaffe, & de la quantité de terre qu'il place entre tous les corps ? Chaque foffe a 7 pieds de longueur fur 7 de largeur ; un pied de cadre. Chaque foffe ne peut contenir que quatre corps en pratiquant autour d'eux les couches de terre qu'on exige. Il meurt tous les 60 ans au moins 400,000 perfonnes ; il faudra donc un **Cimetiere** de plus de 3,000,000 de pieds quarrés environnés de murs, portant une élévation de dix-huit pieds de roi ; calculez l'étendue de cet efpace.

Il demande une Chapelle , & qu'elle foit éclairée par fa voûte , tellement il craint d'établir des courants d'air ; peut-être fon intention eft de ne point intercepter cette ouverture par des vitraux , de laiffer dans la Chapelle les affiftants & le prêtre expofés à toutes les injures de l'air & même de la contagion du Cimetiere , qu'il croit avoir fermé très-exactement par *des murs dirigés du nord au fud, & de l'eft à l'oueft.*

Que MM. les Docteurs ne penfent pas que je défapprouve leur Chapelle , mais feulement fon emplacement & fa conftruction. Ils s'occupent bien à éloigner tout ce qui peut leur nuire ; (heureux encore s'ils ne fe trompent pas fur le choix des moyens). Pourquoi voudroient-ils que je paffaffe fous filence les dangers trop évidents pour le public , le Chapelain & le Foffoyeur ?

Pourquoi logent-ils Charles & toute fa poftérité dans le Cimetiere ? Eft - ce

pour contempler leurs chef - d'œuvres ?
Eſt - ce pour être plus à portée de vérifier
Leurs prétendues obſervations ? Eſt - ce
pour *empêcher l'enlévement des cadavres pen-*
dant la nuit ? Eſt - ce pour découvrir des
moyens capables de purifier l'air du Cimetiere qu'ils s'efforcent d'infecter ? Eſt - ce
pour lui épargner un logement qu'il pren-
droit dans un lieu plus ſalubre ? Eſt - ce
pour obſerver ſur les victimes de leur
art les effets des remedes qu'ils ont pref-
crit lorſqu'avant d'être ſacrifiés par leurs
tremblantes mains , elles leurs crioient
du ton le plus touchant , grace , grace ,
Meſſieurs , je ne veux plus de remedes ?
Eſt-ce pour veiller ſur *les conſtructions*
triſtes , mais honorables & impoſantes où les
familles les plus conſidérables pourront avoir
leurs ſépultures , ſans que jamais leurs cen-
dres ſoient troublées ? Eſt-ce pour éloigner
les brouillards qui ſont fréquents , ou pour
en corriger les mauvais effets ? Eſt - ce
pour prouver aux habitants par la pâleur
de ce pauvre Charles & l'aridité de ſon
corps qu'ils peuvent bâtir ſans danger
des maiſons autour du Cimetiere ? Eſt - ce
pour garder à vue *le régiſtre exact des noms ,*
ſurnoms , âges, profeſſions & maladies de
tous ceux dont les corps ſeroient inhumés ,
de l'angle nord - eſt vers l'angle ſud - eſt ?

Eſt - ce pour y *faire pratiquer ce que le nombre des morts dans une grande ville, la décence, la ſanté & la religion exigent ? Eſt - ce pour empêcher qu'on ne déterre les corps à moitié putréfiés pour faire place à d'autres ?* Eſt - ce pour protéger la liberté d'y *pratiquer tous les exercices de piété ?* &c.]

Hélas ! Meſſieurs, daignez épargner ceux qui ne vous ont jamais connu, & qui ne craignent rien tant que de vous connoître ; daignez encore, pour le bien de nos corps, ne vous occuper que de votre état, où l'incertitude n'offre qu'un champ vaſte & inculte.

Mais qu'a fait à la Faculté Lyonnoiſe, ce pauvre Chapelain qu'elle condamne à demeurer toute ſa vie dans le Cimetiere ? Son tempérament fatigué par l'excès de l'étude, deviendra donc la proie d'un air auſſi funeſte ? La vie d'un citoyen vertueux, me dira-t-elle, eſt de peu de conſéquence lorſqu'il s'agit de *tenir un regiſtre exact des noms, ſurnoms, âges, profeſſions & maladies de tous ceux dont les corps ſeront inhumés.* Mais comment les membres qui la compoſent veulent-ils que ce Prêtre tienne regiſtre exact des maladies de ceux qui meurent entre leurs mains ! Eux-mêmes connoiſſent - ils les maladies ; j'en appelle

à leur confcience ! & quand ils les connoî-
troient, (ce qu'il n'eft pas permis de fuppo-
fer) ne devroient - ils pas accompagner le
convoi funebre, donner par écrit l'hiftoire
de la maladie, les effets des remedes, leurs
mauvais fuccès, fignés des plus proches
parents ; alors on auroit un régiftre exact,
non des morts, mais des erreurs en médecine.

Les propres paroles de nos graves Docteurs me font un fûr garant de ce que
j'avance. *Le College obferve que dans cette
ville, les maladies putrides font les plus ordinaires.* Eh ! quoi, ces Meffieurs veulent
donc toujours foutenir la pratique de
Moliere & la fecte des Stercoraires ! Toutes les maladies tiennent de la putridité,
s'écrient-ils ; faites vomir, purger, clyfté-
rifer ; fi elles font affez rebelles pour ré-
fifter à cinq ou fix attaques de cette efpece,
revenez à la charge, & ne vous écartez
jamais de cette voie ; vous en fortirez
triomphants. De tels efforts pour combattre les maladies, il faut l'avouer, ne
fatiguent pas l'efprit avec une telle mé-
thode ; on rejette fierement la pénible
étude des efpeces de maladies, de leurs
crifes, de leurs traitements particuliers ;
on blâme avec une joie fecrette le plus

grand des praticiens , lorfqu'il difoit ,
que les mots de putridité & de mali-
gnité avoient caufé plus de maux aux
hommes que toutes les peftes dont le glo-
be du monde avoit été infecté.

Quelles font donc les obfervations qui
ont déterminé le College de Médecine de
Lyon, à regarder les maladies putrides
comme les plus ordinaires ? Je lui foutiens
moi , fimple Curé , que les maladies inflammatoires , très - fréquentes dans cette
ville , & particulierement les inflamma-
tions de poitrine , fe montrent rarement
avec tendance des premieres humeurs ,
des premieres voies à la putridité. Oui ,
fur deux cent perfonnes attaquées de cette
maladie , à peine s'en trouve-t-il une où il
y ait indication de purger le fecond ou le
troifieme jour ; car je fuppofe qu'on ne
s'oublieroit pas affez pour placer un vomi-
tif ou un purgatif le quatrieme , le cin-
quieme , le fixieme ou feptieme jour de
la maladie , jour critique.

On me dira peut-être que fi les fluxions
de poitrine avec tendance des humeurs
des premieres voies vers la pourriture font
rares , les fievres putrides au contraire
font très-fréquentes à Lyon ; mais fi cette
ville étoit ifolée dans une grande plaine

comme les Brotteaux, où l'air est immobile presque toute l'année, si le Rhône & la Saône venoient à suspendre leurs cours, & à causer dans l'atmosphere des vapeurs corrompues, au-lieu de cette rosée salutaire qui en émane sans cesse, le College de Médecine penseroit donc que les maladies putrides seroient très - rares à Lyon ; puisque sans aucun égard pour la position heureuse de la ville, *il observe qu'elles y font les plus ordinaires :* cette observation faite dans l'assemblée qui a arrêté un tel projet de Cimetiere ne sera défendue que par ceux qui prendront pour fievres putrides, des fievres inflammatoires, des fievres synoques sans aucun signe de putridité, & qui se terminent, je le sais, par une crise le dix - septieme, le vingt - unieme jour, si l'on n'a pas dérangé les efforts de la nature, par des vomitifs ou des purgatifs toujours contre-indiqués. Quoi donc, Messieurs ! parce qu'un malade aura la langue blanche, qu'il éprouvera quelques naufées, que le ventre fera douloureux, ou tuméfié, vous prétendrez que l'estomac & les intestins renfermeront des matieres putrides ? Non, Messieurs, étudiez le caractere essentiel des especes de maladies, la nature, ses efforts, ses crises, & le traitement adapté à chaque espece, vous

apprendrez que la fievre vraiment putride
eſt extrêmement rare , & que les vomitifs &
purgatifs ont envoyé plus de morts dans
le Cimetiere que toutes les batailles de
l'univers.

Ton projet , mon ami Charles , ne pré-
ſente , ni le faſte , ni les inconvénients , ni
les inconſéquences , ni les contradictions
de celui que je viens d'examiner. Quand
l'expérience , l'obſervation , & les loix de
la ſaine phyſique , ſe réuniſſent pour étayer
un projet , le ſuccès doit lui être aſſuré
chez ceux qui ſont en état d'apprécier &
de juger. Il eſt cependant des perſonnes
pour qui ces avantages ne ſont point aſſez
ſenſibles , ſi nous ne prouvons encore qu'il
eſt le plus ſimple & le plus économique ;
cette derniere démonſtration ſe réduira à une
comparaiſon fondée ſur le calcul , & à coup
ſûr on ne pourra nous la conteſter. Peut-
être le College dédaignera - t - il encore ce
genre de preuves , mais , Charles , tu peux
t'en conſoler.

On doit regarder comme un fait conſ-
tant qu'il meurt à Lyon tous les 60 ans

400 mille perfonnes ; mais comme le Cimetiere projetté par le College n'eſt deſtiné
que pour une partie de la ville, & ne doit
point comprendre les hôpitaux ; nous
ſuppoſerons que le nombre moyen des
inhumations ne doit être que de 4000 par
an. Nous ſuppoſerons auſſi que confor-
mément à la délibération du College, les
cadavres doivent être inhumés dans des
foſſes de ſept pieds de longueur & ſept
pieds de largeur ; qu'il doit ſe trouver un
pied d'intervalle entre les foſſes, ainſi
qu'entre les cadavres inhumés dans la
même foſſe ; il faudra donc 1000 foſſes
par an, chacune de ces foſſes, y compris
le pied d'intervalle qui doit les ſéparer
prenant 64 pieds quarrés de la ſuperficie du
Cimetiere, au bout de l'année les foſſes
occuperont par conſéquent une ſurface de
64,000 pieds quarrés ; ainſi pour que les
foſſes ne ſe r'ouvriſſent que tous les 50
ans au plus, comme le College l'exige,
& pour que l'étendue du Cimetiere pût y
ſuffire, il lui faudroit au moins une ſurface de 3,200,000 pieds quarrés, ce qui,
en extrayant la racine quarrée, donne
environ 1788 pieds courants pour la longueur de chacun des murs de cloture, à
ſuppoſer que l'on veuille donner au Cimetiere une forme quarrée.

B 6

(36)

Indépendamment de l'étendue du terrein qui doit comprendre l'intérieur du Cimetiere, il faut considérer que le College de Médecine prescrivant de pratiquer à l'extérieur des murs, & autour du Cimetiere un *large chemin* ; ce chemin sans doute accompagné d'un fossé, sera bien au moins de 30 pieds de largeur. Il s'agiroit donc, tant pour le Cimetiere, que pour le chemin qui doit régner autour d'un terrein quarré, qui auroit pour côté 1848 pieds courants, ce qui forme une superficie de 3,415,104 pieds quarrés, lesquels réduits à la mesure de Lyon, donnent une contenue d'environ 289 bicherées.

Si on évalue seulement la bicherée 350 l. pour l'achat seul du terrein, sans compter la difficulté d'en trouver un de cette étendue dans l'emplacement convenable, c'est un objet de 98,000 livres.

Maintenant les murs de cloture devant avoir dix-huit pieds de hauteur, suivant la délibération du College, & les quatre murs formant ensemble un pourtour de 7152 pieds, ou 1192 toises quarrées de maçonnerie, sans comprendre les fondations, qui ne sont pas à négliger pour des murs de cette étendue, élevés d'ailleurs

fur un terrein qui a très-peu de confif-
tance.

Si on évalue la toife de roi quarrée de
maçonnerie à 12 liv. la fimple conftruction des quatre murs feroit une dépenfe
de 42,912 liv. qu'on peut bien fans erreur
porter au moins au double, fi on y com-
prend, & la Chapelle, le logement du
Chapelain & celui du Concierge. Ainfi,

L'acquifition du terrein
coûtant - - - - - - - 98,000 liv.

Les conftructions de ma-
çonnerie - - - - - - - 85,824

La dépenfe totale du Ci-
metiere, tel qu'il a été arrêté par le College feroit un
objet de - - - - - - - 183,824 liv.

Perfonne ne pourra difconvenir que ces
foffes qu'on fe propofe de ne r'ouvrir que
tous *les 50 ou 60 ans révolus* font merveil-
leufement imaginées pour être néceffité
à donner au Cimetiere une étendue immenfe, & par ce moyen faire prefque dif-
paroître, fans avoir l'air d'en convenir
directement, le danger d'environner le
Cimetiere de murs trop élevés, & de n'y
pratiquer aucune ouverture. Il faut avouer

pourtant que ce long détour pour réduire à rien l'effet de ces murs, ne réduit pas à rien la dépense des constructions & l'achat du terrein. Ce singulier expédient décuple au moins la dépense de ces deux objets sans qu'il en résulte un autre avantage.

Il est donc évident qu'on a voulu sauver par l'immensité de l'espace le danger des murs trop élevés & sans ouverture; mais comme il est plus simple de convenir que ces murs ne servent qu'à augmenter la dépense, & sont très-nuisibles, nous pensons que *Charles* à qui il seroit mal séant d'ailleurs de montrer la même magnificence qu'une assemblée de graves & illustres Docteurs, doit naturellement préférer un Cimetiere simplement clos de murs de dix pieds de hauteur avec des ouvertures de distance en distance, & dans lequel on pourra r'ouvrir les fosses tous les ans, parce que ce terme est très-suffisant pour la décomposition des cadavres; on y gagnera plus de facilité à trouver un terrein convenable, moins de dépense pour l'acheter & moins de frais pour les constructions: en voici la preuve par comparaison avec le Projet du College tel que nous l'avons ci-devant calculé. Nous porterons le nombre moyen des inhumations à 5000 par an, au-lieu de 4000, parce que le Cimetiere projetté doit être général pour toute la ville & les fauxbourgs.

Nous mettrons chaque cadavre dans une fosse de six pieds de longueur, sur trois de largeur ; ainsi les 5000 fosses, chacune de dix-huit pieds quarrés, n'occuperont qu'une surface de 90000 pieds quarrés ; mettons-en 160000, afin qu'on puisse, si l'on veut, dans certain temps ne r'ouvrir les fosses que tous les deux ans, en extrayant la racine quarrée, on aura 400 pieds courants pour la longueur de chacun des quatre murs de cloture, à supposer que l'on donne une forme quarrée à ce Cimetiere. Comme il doit être environné d'un large fossé, afin que les sépultures ne puissent pas être violées, nous ajouterons douze pieds de plus en tout sens, tant pour le fossé que pour une berge de deux pieds qui doit régner entre ce fossé & les murs : on aura donc pour la longueur & la largeur, tant de l'intérieur que de l'extérieur du Cimetiere une longueur de 424 pieds courants, qui élevés au quarré produisent pour la surface totale du terrein nécessaire une étendue de 179776 pieds de roi quarrés, lesquels réduits à la mesure de Lyon, donnent un peu moins de quatorze bicherées & trois quarts.

Mettons-en quinze, à 350 liv. pour la bicherée, l'achat du terrein ne fera que d'un objet de - - - - 5250 liv.

Les quatre murs de cloture formant un pourtour de 1600 pieds courants fur dix pieds de hauteur, leur conftruction fera un objet de 444 toifes quarrées ; nous en fuppoferons 900 toifes, parce que les murs ne doivent pas être en ligne droite, mais à angles alternativement faillants & rentrants : cette maçonnerie, à 12 livres la toife, fera un objet de 10,800

 Le terrein coûtant - - 5250

 La maçonnerie des murs de cloture - - - - - 10,800

 La Chapelle, les logements du Chapelain & du Concierge, comme dans le Projet du College - - - 42,912

 La dépenfe totale ne fera que de - - - - - 58,962 liv.

COMPARAISON.

Projet du College - - 183,824 liv.
Projet de Charles - - 58,962
Différence - - - 124,862

Il y a donc bien clairement près de cent trente mille livres à dépenſer de plus en ſuivant le projet du College, qu'en exécutant celui de Charles ; il eſt bon même de remarquer que cette différence porte abſolument ſur l'achat du terrein & la conſtruction des murs de cloture ; car Charles ſe pique d'être auſſi magnifique pour la Chapelle, le logement du Chapelain & celui du Concierge.

In camo & fræno maxillas eorum conſtringe qui non aproximant ad te.
Pſalm. 31, ⱴ. 12.

F I N.

www.ingramcontent.com/pod-product-compliance
Lightning Source LLC
LaVergne TN
LVHW011411170726
843501LV00006B/2133